동복마을 본향당굿

지은이 김기삼
펴낸이 김순남
펴낸곳 도서출판 각 Ltd.

초판 인쇄 2016년 10월 4일
초판 발행 2016년 10월 8일

도서출판 각 Ltd.
주소 (690-809) 제주특별자치도 제주시 관덕로6길 17 2층
전화 064·725·4410
팩스 064·759·4410
등록번호 제651-2016-000013호

ISBN 979-11-958325-2-1 03660

값 25,000원

김기삼의 제주굿 시리즈 [1]

동복마을 본향당굿

사진 김기삼 / 글 김승연

GAK

'김기삼의 제주굿' 시리즈를 펴내면서

　사진작가 김기삼은 지난 30여 년간 제주굿의 현장을 발로 뛰었다. 요즘에는 좀 알려진 굿판에는 언제나 수십 대의 카메라가 현장에 진을 친다. 와중에 방송카메라까지 굿의 주요장면을 찍고 사라진다. 당일 저녁 뉴스거리다. 이처럼 북적대던 굿판의 카메라들도 끝까지 남는 것은 몇 대 되지 않는다. 그중 가장 오랫동안 자리를 지키는 카메라는 김기삼의 손에 쥐인 카메라다.

　제주굿은 일찍이 김수남이라는 거장에 의해 기록되고 출판되면서 세상에 알려졌다. 그의 사진들은 70년대 말 80년대 초의 것들이다. 그는 제주굿을 찍고 나서 아시아 샤먼의 세상으로 나갔다. 그 시기 김기삼은 일본에 있었다. 제주에 귀국한 후 그 역시 제주굿의 현장에 매료된다. 따지고 보면 김수남이 제주굿의 현장을 떠난 직후 그의 카메라가 바통을 넘겨받은 셈이다. 그렇게 찍기 시작한 그의 사진들은 80년대 중반 이후 현재까지 제주굿의 현장을 고스란히 담아내고 있다.

　그의 사진들은 깊다. 오랜 시간 천착해 온 탓에 굿판을 제대로 읽을 줄 알기 때문이다. 굿의 제차를 꿰고 있는 그는 이미 다음 장면을 계산하고 예상 동선에서 대기 중이다. 얼치기 카메라들과는 각이 다른 것이다. 그러기에 그가 포착한 굿판의 장면들은 절묘하면서도 그 굿판의 정수를 담는 경우가 많다. 아무나 하기 어려운 작업이다. 수많은 카메라가 굿판을 기웃거려도 매의 눈을 간직한 렌즈는 그의 카메라에 달려 있는 것뿐이다. 진득한 그의 장인정신과 우직한 기다림 속에 단련되어 온 감각은, 그의 사진이 수많은 굿판을 담은 사진들과 남다른 배경이기도 하다.

올해 초 그는 가족의 삶과 사진작업을 지탱시켜준 생업현장에서 은퇴했다. 그의 말마따나 이제 생업에서 해방된 자유인으로 오롯이 사진작가로서의 시간만이 남았다. 그리하여 지난 30여 년 동안 작업해 온 결과물을 세상에 내놓기로 작정했다. 아마도 제주굿의 종결판이랄까? 그런 것이 되지 않을까 기대해본다. 앞으로 수십 권으로 정리될 그의 사진집은 제주굿의 기록을 완결할 정도의 폭과 깊이를 보여줄 것이다. 이제 그가 천착했던 시간 속, 독자들은 부재했던 공간에서 벌어진 제주굿을 생생한 그의 사진집을 통해 만나보자.

궤문열림이다. 큰심방이 새벽에 당에 도착하자 먼저 어두운 본향당에 자동차에서 끌어온 작은 전구로 희미한 불 밝히기를 한다. 그 전구 아래서 대양을 치며 궤문을 여는 말명으로 "상궷문·중궷문·하궷문도 열립서." 하고 차례로 궤문을 연다.

날씨가 워낙 춥자 심방은 당내 북쪽 편에 있는 소각장에 장작불을 피워 단골의 몸을 녹이게 한다.

큰대와 벌잇줄.

큰대 세움.

주위가 밝아지니 본향당 내부가 훤히 보이기 시작한다.

단골이 눈보라를 뚫고 당에 들어가는 모습이다. 제물을 구덕에 놓고 보자기에 싸서 걸레배로 등에 진 것이 전형적인 당에 기도하러 가는 모습이다.

먼저 도착한 단골순서대로 본향당 제단 앞으로 제물 구덕을 차례로 놓고 옆에 서 있다.

마을주민회에서 제물진설을 위해 병풍과 제상을 옮기고 있다.

단골이 구덕을 등에 지고 당에 속속 도착한다. 단골이 올레로 들어오며 구덕을 손으로 받아든다.

단골들은 당의 북쪽 편으로 난 입구로 들어선다. 아래쪽 입구는 신이 들어오는 신성한 곳임으로 심방만 다니도록 제한을 두고 있다. 신의 출입구와 인간의 출입구가 구분되어진 것이다.

본향당 제단 맞은 편에 대리석으로 조성되어진 제단.

전통적인 대나무구덕을 대신한 플라스틱 시장바구니를 등에 지고 당에 간다.

동복본향당 전경.

장작불에 추운 몸을 녹이며 불을 쬐는 단골들.

남자단골이 당에 취사준비 물품들을 옮겨 놓는다.

예명을 올리고 나서 당에서 나가는 단골.

계속 쏟아지는 눈.

예명올림. 본향당 당굿은 예명올림으로 이루어진다. 단골 수만큼 시간이 많이 걸린다.

단골들은 순서에 맞게 예명을 올리고 나서 메 두 사발과 제물을 올린 뒤 삼주잔이나 주잔 한잔, 주발 뚜껑에 제반을 걷는다. 도제상 제물(도제상 제물은 둥근시루떡, 돌레떡, 삼주잔, 구운 생선, 밤, 대추, 과일 세 종류, 삼색 채소, 삶은 계란 세 개, 소라 한 접시, 도십쌀 위 접은 지폐 만원)과 단골의 제물 진설.

대신맞이 제상 우측에 마을 책임자 제상을 차린다.

단골이 신에게 재물로 폐백을 올리고 있다.

대신맞이 준비.

당신에게 궤묻음을 하고 나온 단골이 걸명을 위한 준비를 한다.

ᄇ름알에 좌정한 할망당의 도제상과 단골이 달아 맨 소지와 궤묻은 모습.

제장에 깔려고 마련한 멍석이 세워져 있고 아침준비를 하는 단골들.

대신맞이 제상 차림.

예명 올리기를 기다리는 단골.

본향당신에게 예명을 올린 후 궤문음을 하고 있고 있는 단골.

대신맞이를 위해 천막을 치고 있다.

대신맞이 제상에 메를 올린다.

단골이 제물을 올린후 예명을 올린다. 그리고 나서 올린 제물을 조금씩 뜯어 궤묻음을 하고 있다. 제물을 구덕이나 차롱에 차려와 제기에 제주 삼주잔과 메, 생선, 채소, 과일 등을 올리고 초와 향을 피운다.

단골과 메 두기.

단골과 돌레떡. 단골어른이 제반걷고 돌레떡을 주변에 나눈다.

대나무 구덕.

본향당 아침 준비로 분주한 당내 모습.

본향당 전경.

눈내리는 본향당.

예명 올리는 심방과 단골.

제물로 올렸던 과일 세 종류.

눈이 많이 오자 차로 당에 도착한 단골.

대신맞이 액막이상을 준비해 온 단골들.

대신맞이 액막이상과 단골.

큰대.

단골 액막이상 진설.

미끄러운 눈길에 지팡이를 짚고 구덕을 지고 당으로 걸어가는 단골.

예명을 마친 단골들이 마을로 가는 지름길로 돌아가고 있다.

당굿을 마치고 아침식사를 하고 있다. 당굿을 마치자 부녀회에서 대신맞이 전에 심방들에게 성게 넣고 끓인 미역국과 소라등 해산물 차림으로 아침을 차려 놓는다.

대신맞이 제상 및 제일과 '본향대제일로명부대신왕청제기'라고 쓴 글.

장작불을 쬐는 단골들.

장작불을 쬐는 단골들.

초감제에 들어가기 전에 삼석울림을 하고 있다. 오전 10시 35분이다. 심방이 본향당 제단을 향해 고개를 숙여 절한 다음 바로 이어한다. 삼석울림은 북, 설쒜, 대양을 울리면서 굿의 시작을 하늘옥황에 알리는 제차다. 그러면 굿을 위한 제장이 설립된다.

← 초감제. 제주도의 모든 굿은 초감제로 부터 시작한다. 초감제는 기본형식의례(基本形式儀禮)이자 종합청신의례(綜合請神儀禮)이다. 일정한 순서로 세부 제차를 포함한다. 제청신도업, 열명, 연유닦음, 당신본풀이, 새ᄃ림, 군문열림까지를 말한다.

제청신도업.

새드림과 단골. 소미는 신이 내려오는 길에 부정을 없애기 위해 새(邪)를 쫓는다.

도레둘러붸ㅁ. 차롱에 돌래떡을 올려놓고 단골들에게 인정을 받으러 제장을 한 바퀴 돌아다닌다. 자손들은 인정을 걸면서 어서 신이 내려오기를 원한다.

군문열림. 제청으로 신을 청했는데 신들이 내려오려면 신역의 경계문이 열려야 된다. 그것이 열렸는지 돌아본다. 군문돌아봄, 군문에 인정걸기·군문열린그뭇 봄·산받음·주잔넘김 등 제차를 이어서 한다.

군문열림.

군문열림.

분부사룀은 군문이 열리고 처음으로 신의 뜻을 산으로 받아 단골들에게 결과를 말하는 제차다. 신이 단골들의 어려움과 근심을 미리 알려주고 당신이 근심 걱정을 막아 준다는 말을 한다고 단골에게 전달한다.

차사청함.

우봉지주잔은 술병에 떡을 싸서 당 밖으로 던져서 제장으로 들어오지 못한 군병들을 술과 떡으로 대접한다.

우봉지주잔.

플찌거리.

본향듦이다. 심방이 본향신이 과거 산과 들로 사냥하며 활을 쏘며 다니는 모습을 위엄있게 보이며 제장으로 들어옴을 알린다. 심방은 연물이 빨라진 장단에 맞추어 제장을 뛰고 도는 춤을 춘다.

풀찌거리 올림.

마을회 역가바침.

자손 역가바침.

신칼점.

소지원정.

소지사름.

단골 소지사름.

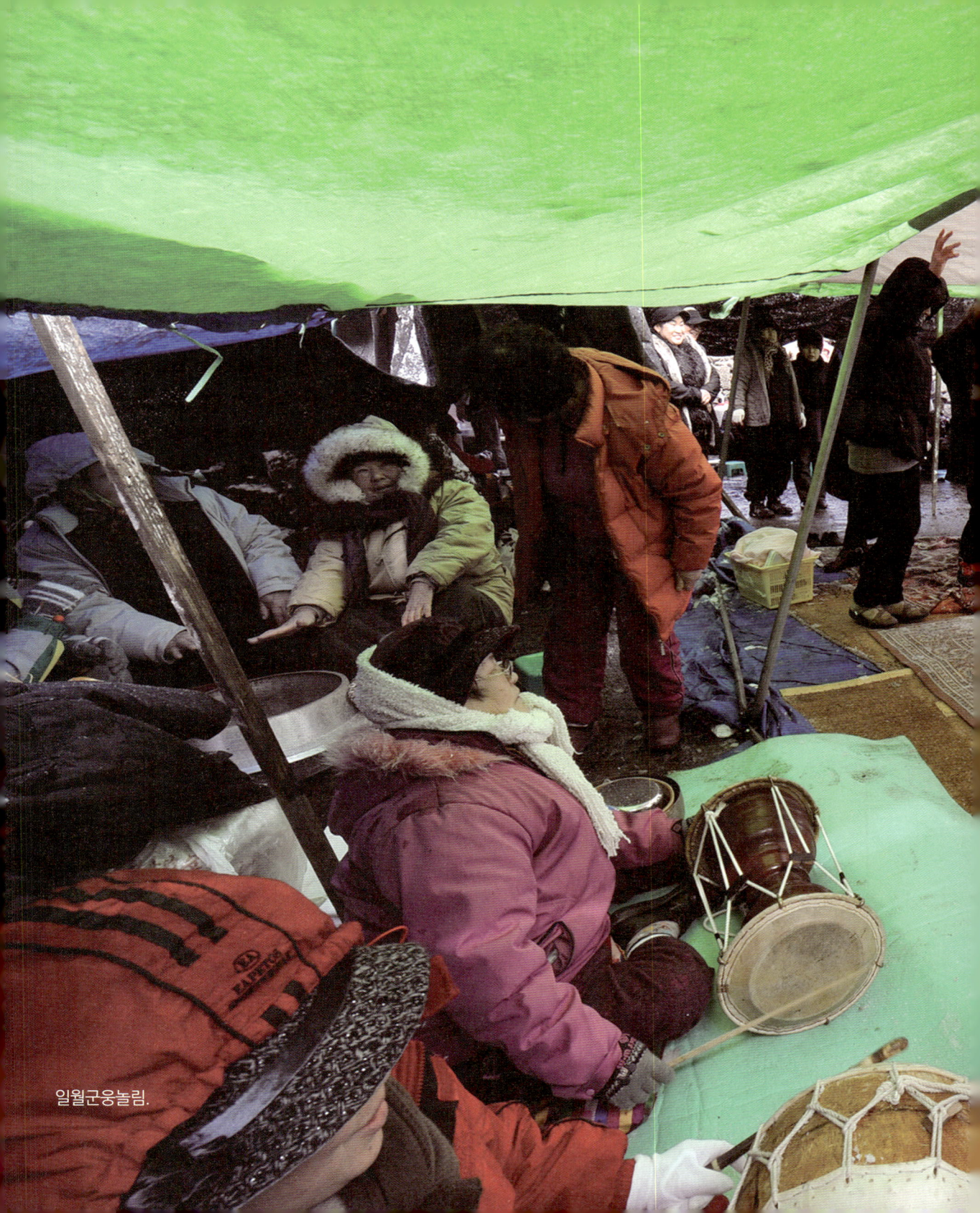

일월군웅놀림.

서우제소리.

점심식사

나까시리올림. 점심식사를 마치고 바로 나까시리 놀림을 한다. 보통은 소미들이 하는데 큰심방이 직접 나서서 한다. 같이 참여한 남자 소미가 일이 생겨 먼저 가는 바람에 큰심방이 나선 것이다. 시왕도군문 이던 시루가 내려지고 단골들이 액막이상에 올린 둥근시루가 전부 내려서 올림을 한다. 다 올리고 나서 시루에 구멍을 내고 구멍을 인정으로 막는데 이때 단골들에게 인정을 받는다.

나까도전침. 나까시리 떡은 인정으로 시왕 도군문이 열렸으므로 풀어먹인다. 조금씩 네모나게 자른 다음에 제장에 있는 모든 사람들에게 나누어 준다.

신칼치메 감김과
줴풀림.

줴풀림 인정 받음. 큰심방이 멩두치마를 감게 한 후 죄책을 찾아 부녀회장과 일부 단골에게 인정으로 풀게 한 후 삼천군벵 지사빔을 마친다.

단골 액막이상 제반걷음. 먼저 나까시리 한 단골들은 제반걷음을 한다.

솥화로 숯불찜.

산받음. 단골들은 떡을 나누어 먹으며 각산받이를 한다. 이때 집안 모든 사람들 운수에 따라 좋고 나쁨을 알아내고 나쁘면 나쁜 대로 준비한 액막이로 나쁜 운을 걷어 버린다. 모든 소미들이 자신의 조상, 멩두로 함께 산을 받아준다. 단골의 수만큼 시간이 걸린다.

궤묻음.

산받고 집으로 돌아가는 단골.

당을 나서는 단골.

대명대충. 본향당 입구 나무에 묶여있던 닭이 대명대충이 되어 제장 앞에서 최후의 운명을 기다린다.

마을 산받음.

마을 방액 제물.

마을 액막음. 단골들이 돌아가고 부녀회장과 마을 임원들은 남아서 마을 도방액막이를 한다.

마을 액막음.

시왕상 제물.

단골 소지.

시왕상 철상.

대명대충 올림. 큰심방이 마을 도산을 받고 당 올레로 가서 대명대충의 털을 뽑아 날린다.

대명대충 타살.

대명대충 바침. 희생시키고 당올레를 나와 길 건너 밭담에 놓는다.

철상 후 제반걷고 걸명. 소미들은 본향당 제단에서 제반을 걷어 궤를 묻고 걸명을 한다. 시왕상을 철상 하면서 제반을 걷고 걸명처에 가서 걸명을 한다.

군벵지사귐과 도진.

큰대지움. 큰대를 큰심방이 지우고는 대양을 치며 궤문을 닫는다. 내년 제일에 찾아뵙겠다는 말명으로 굿을 마친다.

눈에 젖은 병풍 불에 태움. 눈이 많이 내린 탓에 시왕 상에 설치한 병풍이 젖어서 못쓰게 되자 장작 태우는 곳에 가져다 태운다.

뒷설거지를 하는 마을 부녀회.

제주도 마을의 본향당굿
– 동복마을 본향당굿

김승연*

1. 제주도의 본향당 의미

제주도에서 각 마을의 수호신인 본향신이 좌정해 있는 본향당은 자연마을의 수만큼 많다. 그래서 제주도 사람들에게는 출신지역을 함축하는 의미로써 저마다의 본향이 있다.[1] 이곳은 선조인 조상이 정착하여 후손을 낳아 기른 곳이라는 뜻이기도 하다. 이 본향을 지칭하는 의미로 본향당이라는 성소를 가지게 되고 사람들은 마을과 가족의 안위를 위해 당굿을 봉제한다. 이때 당신은 봉제 대상이 되며 사람들을 단골이 된다. 이렇게 본향당신은 마을 사람들에게 조상이며 신앙 대상이 된다. 마을사람들은 본향당신 자손이 되고 본향당신을 봉제하며 단골의 의무를 다한다.

본향당 안에는 선대에서부터 정해진 상단골·중단골·하단골 구분이 있다. 자신이 태어난 곳을 떠나 타지에 살게 될 경우 일 년 중 한 번이라도 본향당 제일에 참여하는 신앙을 보인다. 고향을 영영 떠나 다른 마을로 이주를 할 때에 본향당의 돌이나 흙 한 줌을 가져다 새로운 마을에서 당을 중산하는 경우도 있다. 이때는 당을 가지 갈라 갔다 해서 가지 가른당이라고 한다. 그러

---

* 제주대학교 대학원 한국학협동과정 박사수료.
[1] 본향은 태순땅, 원초적인 고향, 마을의 시원이다. 그러므로 본향당신을 조상이라고 부른다. '본향당신'의 직능으로는 마을내의 토지, 산수, 나무 등이 자연의 주인임과 동시에 주민의 호적, 출산, 사등 생활전반을 차지하고 있다. 토지, 산수, 나무 등이 자연의 주인이라 하는 것은 그 지역의 토지의 임자와 같은 성격을 말해 주는 것이다. 그래서 이 본향당신을 지금도 <토주관> 또는 <토지관>이라고 부른다. : 현용준, 「제주도무신의 형성」, 『탐라문화』 창간호, 제주대학교탐라문화연구소, 1982, 8~21쪽.

므로 본향당에 대한 단골의 신앙은 절대적이다.

　제주도에서 본향당신앙이란 자신이 나고 자라게 해준 마을의 본향당신, 토주관에 대한 신앙을 말한다. 제주도 사람들은 선대에서부터 본향당신을 조상이라고 여기며 일 년에 네 번 정해진 제일에 봉제를 한다. 곧 새해 시작인 신년과세제로 조상에 올리는 세배로 시작하여 이월에 하는 영등제, 칠월에 하는 마불림 또는 백중제, 시월 시만곡제, 4대 본향당 제일이 있다.

　실제 네 번의 제일이 전부 지켜지는 일은 어렵다. 그래서 신년과세를 중요하게 여기며 큰 의례를 행한다. 신년이 되면 단골들은 본향당신에 세배하러 가는 것을 중요한 일로 생각한다. 단골들은 섣달그믐부터 마음과 몸가짐을 조심하며 정월 제일까지 정성을 한다. 그런 정성을 한 후 본향당에서 당신인 조상을 향해 신앙을 봉제하는 의례자인 매인심방과 더불어 본향당굿에 참여하게 된다. 본향당굿은 조상신인 당신과 자손이 일체감을 느끼는 과정이라고 할 수 있다. 심방을 통해 단골들은 당신본풀이를 듣게 되고 이를 통해 당신을 추앙하게 된다. 이로써 당신앙을 공고히 하게 됨은 물론 신화적 인식까지 생기게 되는 것이다.

　본향당굿은 이렇게 공고한 토대에서 이루어진다. 본향당굿의 요소로서 당과 당신, 제일, 제물과 금기, 당굿, 심방과 단골은 본향당신앙을 이루는 바탕이다. 이렇게 본향당굿이 이루어지면 당신에 대한 신성성이 입증된다. 이때 당신에게 봉제하여 올리는 당신본풀이는 신화기능이 살아있는 증명이다. 단골은 본향당에서 주체적이며 단골은 본향당굿의 요소인 심방의 당신본풀이 전승에서도 적극적인 신앙형태를 나타낸다. 본향당은 단골의 신앙생활에 영향을 준다. 무속신앙의 의례인 당굿에서 당과 당신, 당신본풀이는 단골에게 종교, 철학, 윤리와 문학 형태의 양상으로 드러난다. 당굿은 사회·경제뿐만 아니라 단골의 삶과 가치지향에 영향을 주고 있다.

　이러한 사실을 통해 단골의 본향당신앙 형태를 파악하는 것은 절실하게 요구되는 사항이다. 그래서 본향당신앙이 주체인 단골과 본향당의 실제인 본향당굿을 통해서 당신앙체계와 그 전승과정을 살펴보는 것은 중요한 일이다. 시대적 요구는 이러하지만 해를 거듭할수록 본향당신앙을 입체적으로 증명해 주는 본향당굿이 그 행해지는 횟수와 단골의 수가 급속하게 적어진다는 사실에 직면해 있다.

제주도 신당의 수는 400여 개소로 조사된 바 있다.[2] 실제로 제주도에는 300여 개 자연마을이 있고, 행정구역상 등재된 232개 마을마다 전통신앙 성소인 본향당이 있으며, 다른 마을로 이사하면서 모셔다가 계속 모시는 가지당이 있다.[3] 그중 본향당 수는 175개며 현재 7군데가 폐당 되고 3군데는 멸실된 것으로 보고 있다. 이러한 사실로써 165개 본향당은 단골들에게 제의를 받고 있다고 입증되었다. 하지만 과거처럼 의례를 갖추고 온전하게 봉제하는 본향당은 많지 않은 실정이다. 다행히 신년과세제에 본향당에서 본향당신에 대한 의례를 갖추어 하는 본향당굿을 구좌읍 지역에서 종종 볼 수 있다. 본향당에서 전통적인 본향당신앙이 유지되고 있다는 점은 본향당신앙이 살아 있다는 생생한 준거다. 그래서 구좌읍 동복마을 단골들이 봉제하는 본향당굿을 통해 본향당신앙을 살펴본다.

2. 동복마을 본향당

마을 본향당의 제일에 해마다 본향당굿의례가 행해지는 동복마을 본향당(단골들은 굴묵밧할망당, 서당머체라고도 한다.)에서 임진년 정월 열일뤠(음력), 양력으로는 2012년 2월 8일은 정기적인 무속의례인 마을굿을 했다. 무속의례에서 당과 당신・제일・당굿・제물과 금기・심방과 단골은 본향당신앙의 요소라 할 수 있다. 이것은 본향당신앙을 형성시키는 중요한 요인이다. 이것을 바탕으로 하여 살펴본다.

제주도에서 당굿제차는 보통 삼석울림 → 궤문열림 → 열명 → 당굿 → 궤

---

[2] 제주전통문화연구소, 『제주신당조사』 제주시권 2008・서귀포시권 2009, 참조.
[3] 문무병, 『제주도 본향당本鄕堂 신앙과 본풀이』 민속원, 2009, 24쪽.

문 닫음 순서로 진행된다. 동복마을 본향당굿도 이런 제차가 이루어진다. 하지만 동복마을은 본향당에서 대신맞이를 하고 있다. 당굿에서 일반적인 부분이 아니다. 일반 당굿에 없는 시왕맞이인데 이것은 본향당 의례로서 이례적이다. 그렇다고 당굿이 행해지지 않는 것은 아니다. 당굿제차를 마친 다음 대신맞이(일명 시왕맞이)를 하고 있다. 이 경우는 당굿과 별도의 굿이라는 경우로 살펴봐야 한다.

당과 당신에 대한 당신본풀이는 마을 형성의 헌장이다. 당신본풀이를 통해서 보면 본향당신들은 자신이 차지할 곳을 찾아 돌아다니다가 알맞은 마을을 정해서 좌정하는 것을 볼 수 있다. 먼저 들어온 신이 '마을도 땅도 내 차지다 다른 데로 가라' 하면 여기 저기 돌아다니다가 신이 차지하지 않는 마을을 찾아간다. 그렇게 한 마을에 당신으로 정착해 가는 당신의 노정기가 본풀이에 나타난다. 당신본풀이에서 이러한 것이 나타나는 것은 마을 선주민이 정착지를 선정해서 삶의 터전을 개척했던 과정이 반영된 것이라고 할 수 있다. 그래서 처음 도착한 곳이 마을 사람들에게 제향을 받는 신성한 곳이고 신당이 된다.

본향당신 직능은 마을의 토지·산수·나무 등 자연의 주인임과 동시에 마을의 호적·출산·사망·생업 등 생활 전반을 차지한다. 본풀이에서 심방이 '어디 가면 무슨 당, 어디 가면 무슨 당'이라고 당명을 열거하는 것을 볼 수 있다. 이때 당은 마을을 대표하게 되고 당명을 통해 마을의 성격을 말해 준다. 동시에 당명과 당신을 열거함으로써 연결 마을과의 관계를 설명해주면서 당의 직능을 알 수 있게 해준다.

'굴묵밧할망당'은 동복본향당의 명칭이다. 동복에 마을이 있기 전에 굴묵밧에 살면서 마을을 설촌한 할머니가 살았던 굴막이라는 곳이다.

제주시에서 동쪽 구좌읍 방향인 자연마을이고 마을 설촌역사를 보면 360여 년 전이라고 전해진다. 제주시 방향에서 보면 마을 입구가 해안에 붙어있어 제주 바닷가 모습을 한눈으로 볼 수 있고 파도치는 모습이 무척 아름다운 마을이다. 전통적 생업인 밭농사와 어업을 주로 하는 마을이며 요즘 한창 많아지는 숙박시설 등 상업시설이나 양식시설이 많지 않다. 밭농사는 토질이 비옥하지 못하여 양파와 마늘을 주로 한다. 바다 일도 연령이 높아져 해녀 일을 그만두고 있어 감소하고 있으며 어업도 크지 않다. 세대수가 250여 정도며 인구는 600여 명이 조금 안 되는 편으로 작고 조용한 마을이다.

동복본향당 굴묵밧할망이 당신으로 좌정해 있는 본향당은 일주도로에서 마을 입구 동복리 해녀의 집 맞은편 한라산 방향으로 150m 정도 거리에 있는 포장된 마을길 옆에 있다. 굴묵밧이라는 마을길보다는 낮게 위치하며 돌로 당의 울타리를 쌓았다. 신목은 동백나무와 오래된 팽나무가 있다. 이렇게 제주도의 당은 산·숲·냇물·연못·언덕·물가·평지의 나무나 돌이 있는 곳에 있다.

> 풍속에 산·숲·냇물·연못·언덕·물가·평지의 나무나 돌이 있는 곳에다 신당을 만들어 놓는다. 매년 설날부터 정월 보름까지 무격(巫覡)이 신독(神纛)을 받들고 나희(儺戲)를 행한다. 징과 북을 울리며 들어오고 나가는 사람들이 다투어 재물과 곡식을 내 놓아 굿을 한다.[4]

본향당에 갈 때 제물은 과거부터 변한 것이 없다. 무속생활의 음식으로 돌레떡과 둥근 시루떡, 감주, 계란, 생선, 삼색 채소, 세 가지 종류의 과일, 향, 초가 있다. 정성을 더한다면 당신을 위한 옷 한 벌과 과거 사냥을 하러 다니던 조상을 위한 '풀찌거리'다. 그리고 지전 종이와 물색, 실, 운수를 보는 도십쌀과[5] 돈, 액막이 할 때 필요한 시렁목[6] 등 단골이 필요한 만큼 준비한다. 신과세제에 가려면 삼일 정성을 해야 본향당신 앞에서 제향을 할 수 있다. 육식을 금하는 본향당 금기에 부정하면 안 된다는 것이다. 금기를 어겼을 때 당신한테 벌을 받아 불행한 일을 당하게 된다고 여긴다. 단골들은 신과세제에 참여하는 것을 무엇보다도 중요하게 여긴다. 그렇게 하려면 부정하지 말아야 하

---

[4] 역주 이원진 『탐라지』, 푸른역사, 2007, 부록 영인본 2쪽. (濟州牧 風俗條, 俗尙陰祀乃 於山藪 川池丘陵衍木石 俱說神祀 每自元日至上元 巫覡共擎神纛 作儺戲 錚鼓前導出入閭閻民爭 損財穀 以祭之.)

[5] 도십쌀: 심방으로부터 운수나 신에게 부탁할 일이 있으면 신의 의견을 듣는 수단으로 온전한 낱알로 흰쌀 한 사발 정도.

[6] 시렁목: 무명으로 가늘게 짜여진 천.

는 금기를 지켜야 한다. 이렇게 단골들은 제일을 엄수하고 금기를 지켜야 본향당에 갈 수 있다는 규범을 따르고 있는 것이다.

본향당에는 본향당굿을 집전하는 매인심방이 중요하다. 매인심방은 해마다 본향당 제일에 맞게 당굿을 준비하며 필요한 만큼 소미들을 대동해 소홀함 없이 준비 한다. 매인심방은 마을 심방이 맡아서 한다. 30년 전까지만 해도 본향당 매인심방인 박인주 심방이 동복마을에 살았다. 그는 동쪽 큰심방으로 이름난 심방이다. 사후에 후계자인 문성남 심방이 이어받아서 당굿을 했다. 그는 송당본향당 매인심방을 이어받아 굿을 했던 심방이다. 그리고 와흘본향당 매인심방이기도 했지만 그도 젊은 나이로 사망하였다. 지금 동복본향당은 서촌 출신인 강대원 심방이 20년째 매인심방을 하고 있다. 젊은이 못지않게 활발하고 적극적이다. 그는 제주시에 살면서 제일마다 굿을 같이 할 소미들을 데리고 온다. 단골들은 심방이 당신과 밀접하게 관련되어 있다고 인식한다. 그것은 본향당신을 잘 모시며 굿을 잘 집전하는 것에 있다

3. 본향당굿의 구성

당굿의 모든 제차는 삼석울림 → 궤문열림 → 열명 → 당굿 → 궤문닫음의 순서로 진행되는 것이 보통이다. 동복본향당 2012년 2월 8일(음력 정월 열일뤠) 신과세제 진행은 다음과 같다. 동복본향당 당굿의 순서는 궤문열림 → 삼석울림 → 당굿 → 대신맞이 → 궤문닫음이다.

특이한 것은 이날 동복본향당은 당굿과 대신맞이를 한 것이다. 차례는 일반 당굿제차와 같으나 당굿을 앚은굿으로 하고 자손예명을 올린 뒤 대신맞이를 한다는 점이 일반 본향당굿과 다르다.

[궤문열림]

큰심방이 굿을 할 준비를 하고 소미들과 본향당에 도착했을 때(오전 6시 40분) 대양을 치며 말명으로 "상궤문도 열립서, 중궤문도 열립서, 하궤문도 열립서" 하면서 제단 아래 궤의 뚜껑을 차례로 연다. 궤문은 네모형의 납작한 돌을 덮어둔 곳으로 그곳을 열면 조그마한 구멍이 드러난다. 세 개의 구멍(神穴)이 신이 있는 곳이고, 이 구멍을 통하여 신이 나온다.

[큰대세우기]

큰심방이 직접 큰대를 세운다. 큰심방이 본향당 제단 위와 궤문에 향물을 친다.(부정을 가인다고 한다.) 같이 온 소미들은 본향 제단에 도제상(둥근 시루떡, 돌레떡, 삼주잔, 북어, 밤, 대추, 과일 세 종류, 삼색 채소, 삶은 계란 세 개, 소라 한 접시, 도십쌀 위 접은 지폐 만원)을 차린다.

[당굿]

심방이 앚은굿으로 진행했다.(오전 9시 20분까지)

초감제는 큰심방이 말명으로 하며 굿하는 연유를 고하고 신을 제장으로 청해 모시는 제차다. 큰심방이 평상복차림에 장귀를 치며 앚은굿으로 진행한다. 이날 너무 많은 눈이 내려 머리에 쓴 송낙이 젖자 벗고 한다. 순서는 베포도업침 → 날과국섬김 → 연유닦음 → 신도업 → 공연 → 예명올림이다. 예명올림을 할 때는 단골들이 당에 도착한 순서대로 한다. 소미가 옆 제단에서 같이 한다. 단골들은 먼저, 가지고 온 제물을 올리고 초와 향을 피우고 절을 한 후 제반을 걷고 궤에 묻고 물러나면 다음 단골 순서 차례로 한다. 도착하는 단골들은 예명을 올리고 당신에게 절을 올리고 제반을 걷어 궤묻음 한다. 그리고 당내 마련된 걸명장소에서 단골이 직접 군병을 대접하는 걸명을 하는 순서가 대신맞이 전까지 이어진다.

예명올림(열명)은 누가 굿을 하는지 신에게 알리는 제차로 단골들은 이를 무척 중요하게 여긴다. 단골들은 자신이 차려온 제물을 제단에 진설한다. 그러고 나서 먼저 온 단골 뒤에 서서 예명올릴 차례를 준비한다. 당신이 모셔진 궤는 제단 아래 납작한 돌로 구멍이 만들어진 공간이다. 제물을 구덕이나 차롱에 차려와 제기에 제주 삼주잔과 메, 생선, 채소, 과일 등을 올리고 초와 향을 피운다. 마을일을 주관하는 책임자들이 우선 예명올림 대상이 된다. 심방이 장구를 치며 단골들이 도십쌀 속에 써 놓은 이름을 보면서 올린다. 참석 단골들은 제장 앞에 앉은차례로 보면 대략 75 명에서 85 명 사이다.(오전 8시 20분)

이후에도 당에 도착하는 단골은 계속 이어져 대신맞이 전까지 4~50명은 족히 더 되었다. 단골들은 도착하는 대로 예명을 올린다. 눈이 많이 내렸기 때문에 길이 통제 되었고 멀리 제주시 쪽에서 온 단골들은 대신맞이 하는 도중이라도 제물을 올려서 스스로 예명을 올리고 철변과 궤묻음을 했다. 오전 시간 대부분 이렇게 진행되었다. 특히 나이 많으신 할머니들은 눈길이 뚫린 뒤 점심시간 가까이에 오는 모습이 눈길을 끌었다.

[삼석울림]

연물을 울리며 굿을 시작한다. 삼석울림은 북, 설쉐, 대양을 울리면서 굿의 시작을 하늘옥황에 알리는 제차다. 그러면 굿을 하기 위한 제장이 설립된다.

[대신맞이]

오전 10시 35분에 매인심방이 연물소리에 맞추어 본향당 오른편에 돌로 높이 만든 제단인 시왕당클의 살장 기메를 열어 보이고 신자리에 돌아와 중앙에서 좌우를 돌며 말명으로 굿을 시작한다. 대신맞이(큰심방이 말함. 일명 시왕맞이)굿은 초감제를 군문열림, 본향돎, 공연, 산받음의 순서로 나누어 살펴본다. 시왕당클이 메어진 제단 옆에 대리석으로 만들어진 긴 진설대가 마련되어 있고 마을 단골들은 따로 액막이상을 준비하여 차례로 진설한다. 보통 당의 제물 준비와 같으나 둥근 시루떡을 각자 올린다. 대략 놓인 상이 25개

이상이다. 마을이장 상과 부녀회장 상은 시왕상 앞 한쪽에 따로 마련하고 자손역가상, 공시상, 대령상이 차려졌다.

① 초감제: 제주도의 모든 굿은 초감제로 부터 시작한다. 초감제는 기본형식의례(基本形式儀禮)이자 종합청신의례(綜合請神儀禮)이다.[7] 일정한 순서로 세부 제차를 포함한다.

→ 베포도업침: 심방이 굿을 하면 천지 자연과 인문사항의 발생을 노래한다.

→ 날과국섬김: 굿을 하는 장소와 시간을 말한다.

→ 연유닦음: 왜 굿을 하게 되는지에 대해 이유를 말한다. 예명올림은 마을이장 개발위원장, 부녀회장, 노인회장, 어촌계장 순서로 한다. 마을 총책임 대표자로 올리는 것이다.

→ 당신본풀이: 당신의 내력담이다. 당신이 이 마을에 살게 되고 당에 좌정한 이야기로 된 본풀이를 한다.

→ 제청신도업: 어느 신들이 제청으로 내려오기를 청한다. 신의 위계에 따르며 그에 따라 각각 청한다.

→ 새ᄃᆞ림: 소미는 신이 내려오는 길에 부정을 없애기 위해 새(邪)를 쫓는다.

→ 젯북제맞이굿: 소미가 진행을 하는데 연물이 잘 울려서 굿이 잘되기를 바라는 제차다.

→ 도레둘러맴: 차롱에 돌레떡을 올려 놓고 단골들에게 인정을 받으러 제장을 한 바퀴 돌아다닌다. 자손들은 인정을 걸면서 어서 신이 내려오기를 원한다.

→ 군문열림: 제청으로 신을 청했는데 신들이 내려오려면 신역의 경계문이 열려야 된다. 그것이 열렸는지 돌아본다. 군문돌아봄, 군문에 인정걸기 · 군문열린그뭇 봄 · 산받음 · 주잔넘김 등 제차를 이어서 한다.

→ 분부사룀: 군문이 열리고 처음으로 신의 뜻을 산으로 받아 단골들에게

7) 현용준, 『제주도 무속연구』, 집문당, 1986, 262~265쪽 참조.

결과를 고한다. 신이 단골들의 어려움과 근심을 미리 알려주고 당신이 근심 걱정을 막아 준다는 말을 한다고 단골에게 전달한다.
- → 오리정신청궤: 신역의 문을 나선 신들이 오리 안에서 문밖까지 와 있어서 황급하게 들어오라며 청해 들인다.
- → 시왕(차사)청함: 영기 몸기로 시왕차사를 모셔온다. 심방은 홍포관디를 벗어 제상에 올리고 퀘지차림을 하고 풀찌거리를 한다. 풀찌거리는 시왕이나 본향을 청할 때 심방의 왼쪽팔에 묶는 천으로 과거 조상들이 사냥할 때 화살통을 묶는 헝겁을 가리킨다. 본향신과 차사의 모습을 차리는 것이다.
- → 삼헌관헌작배례: 심방은 신이 들어와 제장에 앉아 있음을 아뢴다. 삼헌관이 배례를 한다.

② 본향듦: 본향당신을 맞이하는 제차다. 심방이 신청궤를 하여 오리 밖까지 나가서 신을 맞이하면 본향당신은 사냥하는 모습으로 위용을 보이며 제장에 들어온다. 조상의 모습을 갖추어 본향신을 모시는 과정을 보여준다.
- → 우봉지주잔: 술병과 떡을 싸서 당 밖으로 던진다. 제장으로 들어오지 못한 군병들을 술과 떡으로 대접한다.
- → 본향듦: 본향신이 과거 산과 들로 사냥하며 활을 쏘며 다니는 모습을 위엄있게 보이며 제장으로 들어옴을 알린다. 심방은 연물이 빨라진 장단에 맞추어 제장을 뛰고 도는 춤을 춘다. 풀찌거리는 벗어다 삼청벵매더레 하며 제단 위에 놓는다.
- → 오리정정데우: 신을 모셔오고 순서대로 자리에 앉히는 과정이다. 심방이 영기 몸기를 들고 요령을 흔들어 순위대로 앉힌다.
- → 자손 역가바침, 소지원정: 단골들로 하여금 청해온 신들에게 역가를 바치게 하는 과정이다. 자손들은 원정을 올리며 소지를 태우고 기원을 한다.

- → 산받아 분부문안: 역가상을 바쳤으니 신의 분부를 받는다. 큰심방이 송낙을 쓰고 요령을 던져 신의 분부를 받는다.
- → 음복지주잔: 제장으로 모시고 들어온 신에게 술을 권한다. 명제긴 잔, 복제긴 잔을 받는다.
- → 군웅 일월청함, 군웅놀림: 제장에 각 일월조상을 모셔왔으니까 자손들이 조상이 살아온 그 사연만큼 일천간장을 알아주며 풀어드려야 한다며 군웅놀림(덕담)을 한다.
- → 서우젯소리: 제청으로 신을 모신 후에 자손들이 조상을 즐겁게 하는 제차에서 서우젯소리로 흥을 돋우며 춤을 춘다.

③ 추물공연: 소미가 제장에 청해 들인 신들에게 제단 위에 놓인 제물을 드시도록 권하는 제차다. 제상에 놓인 제물을 일일이 일컬으며 기원하는 내용도 한다. 단골들마다 액막이상에 올려놓은 시루떡을 하나씩 들고 나와 소미들이 높이 던지며 놀린다.

- → 나까시리 놀림: 대신맞이로서 자손들이 준비한 액막이상이 많아 나까시리를 내어 놀리는 것이 분주하다. 소미들은 하나라도 빠지지 않게 높이 던지며 놀려야 한다. 나까시리 놀림은 신에게 음식을 대접하는 제차다.
- → 삼천군벵지사빔: 잡신을 대접하는 의례다. 군병이란 난리에 죽어서 이승과 저승 사이에 떠도는 불쌍한 잡신들이다. 배고파서 인간에 액을 준다하여 풀어먹이는 것으로 술과 음식을 대접하는 의례다.

④ 개별 각산 받기, 액막이: 단골들이 관심을 많이 가지는 부분이다. 단골들은 각자가 준비해 온 도십쌀을 심방 앞에 놓고 일일이 가족 구성원의 그해 사업 운수나 시험, 신수 등을 보고 결과에 따라 액막이를 준비한다. 단골들이 많아 소미들한테 각각 산을 받는데 당굿에서 대부분 시간을 차지한다. 단골

들은 각자 준비해 온 종이나 실, 시렁목 등과 같은 제물을 제장 옆 소각장으로 가져가서 비념을 하며 함께 태운다. 이후 단골들은 제단에 각각 올려 놓은 제물을 조금씩 모아서 제단에 있는 궤에 묻는다. 단골들이 직접 당신에게 바치는 정성이다.

각산받음 결과로 궂은 액이 많으면 단골들은 각자 준비해 온 돈과 시렁목, 물색 등으로 심방한테 청하여 액막이를 한다. 그리고 나서 제장 옆에 준비된 소각장에 가서 액막이로 사용한 제물을 태우며 간절하게 비념을 한다.

⑤ 상단숙임과 마을 도방액: 청신한 신들을 차사만 남기고 모두 왔던 곳으로 돌려보낸다. 제장 입구 나무에 다리를 묶은 대명대충용으로 준비해둔 장닭을 희생하여 마을에 들어오는 궂은 액을 막는다. 닭은 사람의 짧은 생명을 대신해 준다는 의미로 희생이 된다. 더불어 사람은 명을 길게 이어 갈 수 있다.

⑥ 고리동반 품: 고리동반을 푸는 과정이다. 둥글고 납작한 벙것떡을 받침으로 하고 위에 동그란 모양의 방울떡 다섯 개를 올려 놓고 댓가지를 두른 다음 기메로 둘레를 싸고 그 가운데 방울떡 하나를 놓는다. 대나무 잎를 길게 구부려 매듭을 지어 놓거나 동백가지를 꽂는다.

⑦ 도진: 굿을 하기 위해 청해 들인 마지막까지 남은 신들을 하나도 빠지지 않게 일일이 열거하는데 대양을 치며 신들에게 마지막 잔을 바치며 돌려보내는 제차다.

⑧ 큰대지우기: 큰심방이 말명을 하면서 대를 지우며 굿 마침을 고한다.

[궤문닫음]

　본향당신 제단으로 가서 굿을 마치는 굿을 하기 위해 청한 당신이 나오도록 열어둔 당의 궤를 덮으며 다음 제일에 다시 모시겠다 하며 다시 봉한다. 이렇게 동복마을 본향당에서 이루어진 당굿과 대신맞이굿이 마무리 된다.

4. 동복본향당굿과 대신맞이 진행

　본향당굿의 제일은 일정하다. 동복본향당의 제일은 정월 초일뤠, 열일뤠, 스무일뤠이다. 올해 본향당굿은 열일뤠에 행해졌다. 심방은 "2012년 2월 8일, 음력 임진년 일월 입춘 후 열일뤠 경축일."이며 "지난해는 본향당굿을 초일뤠에 했는데 올해는 음력 기준으로 절기가 빨라 입춘을 넘긴 후 열일뤠에 하게 된 것."이라 한다. 제일이 전해와 달리 열흘 후에 본향당굿을 한다고 하지만 제일이 지켜지지 않은 것은 아니다. 여기서 일뤠당임을 여실히 보여주는 면모가 드러 난다.

　본향당신앙에서 제일 엄수는 제물과 금기와 더불에 절대 불변인 규범이다. 하지만 동복본향당은 일뤳 날을 기준으로 제일이 이루어지는 것으로 보아 제주도의 당 종류로서 보면 일뤠당임을 알 수 있다. 그렇다고 본향당이 아니라고 할 수 없다. 일뤠당이 본향당인 경우는 많다. 이럴 때는 어떻게 해서 본향당이면서 일뤠당 제일에 봉제를 받는지 따져봐야 할 문제다. 동복본향당인 경우에 당의 명칭으로 보면 '굴묵밧할망당'에서 알 수 있는 사실이다. 동복에 마을이 있기 전부터 굴묵밧이 있었고 마을을 설촌한 할머니가 굴막이라는 곳에 살았다. 이 할머니가 당신으로 좌정해 있다는 점이 중요하다. 모시는 당신이 할망이고 이는 제주도 대부분 일뤠당신이 할망신이라는 점에서 일뤠당이 되는 것은 타당하다. 그런데 굴묵밧할망이 마을을 설촌했다는 데서 보면 본향당신이라 할 수 있다. 마을 설촌 과정에서 살펴봐야 이해할 수 있다.

　동복본향당굿은 다음과 같이 진행 되었다.
　본향당 제일에 굿 준비를 갖춘 심방일행은 누구보다 일찍 당에 도착했다. 큰심방은 먼저 어두운 본향당에 자동차에서 끌어온 작은 전구로 희미한 불 밝히기를 한다. 그 전구 아래서 대양을 치며 궤문 여는 말명으로 상궷문·중궷문·하궷문을 차례로 열었다. 궤문열기를 마친 시간은 오전 6시 40분이다.
　이때 단골이 당내로 들어오자 큰심방은 우선 음식 준비를 하는 곳이라도 불을 피워야 한다며 북쪽 담벼락에 마련된 취사장에 장작불을 피운다. 그 옆은 취사도구로 솥과 준비한 가스통, 장작 쌓인 것, 멍석과 카펫 등이 흐릿한 형체로 보인다. 단골이 전날 마을에서 갖다 놓았다고 한다. 본향당 내는 어둠이 걷히지 않아 캄캄하고 눈이 엄청나게 내려 앞을 분간하기가 어려운 형편이다. 한두 명씩 단골들이 당 안으로 들어오지만 계속 내리는 눈으로 굿하기 어렵겠다며 마을 회관으로 장소를 옮겨 가자는 의견을 내놓기 시작한다. 큰심방한테 이야기를 하고 마을 회관으로 철수하기로 한다. 이때 큰심방은 궤문을 열었으니 장소 변경은 괜찮다고 한다. 큰심방과 소미들은 굿 준비물품을 내려놓지 않았기 때문에 바로 자동차로 이동을 한다. 앞서 의견을 내놓은 단골들은 심방보다 먼저 출발한다. 마을 회관은 본향당에서 멀지 않은 마을 중심에 있고 불이 훤하게 켜졌다. 마을 어른들이 마을회관에 나와 있었다. 하지만 마을 회관에서 심방들은 자동차를 내리지 못한다. "당굿은 본향당에서 해야하지 장소를 옮겨 굿을 하는 법이 아니다."라는 마을어른의 결정이 내려진 것이다. 단골의 말을 전해들은 심방일행은 바로 본향당으로 되돌아온다. 오락가락 시간이 지체되고 눈은 그침 없이 계속 내린다. 그사이 여명이 올라와 조금 눈길이 보이기 시작한다.
　큰심방은 바로 큰대를 세우고 소미들은 본향당신이 좌정한 제단에 제물을 진설한다. 주위가 밝아지니 본향당 내부가 훤히 보이기 시작한다. 본향당 올레는 두 군데고 본향당 제단 앞으로 난 올레는 심방이 굿 준비 하면서 드나드는데 단골들은 바로 북쪽 편으로 난 곳으로 드나든다. 신의 출입구와 인간의 출입구가 구분되어진 것이다.

단골이 올레로 들어오는 모습은 구덕에 제물을 놓고 보자기에 싸서 걸레배로 등에 진 전형적인 당에 기도하러 가는 신성한 모습이다. 단골들이 바람이 불고 눈이 몰아치는 추위와 앞을 분간하기 어려운 어둠 속에서 삼삼오오 당으로 들어선다. 먼저 도착한 순서대로 본향당 제단 앞으로 제물 구덕을 차례로 놓고 옆에 서 있다가 불이 피워진 화덕 쪽에 가서 추위를 던다.

마을회관으로 갔던 단골들이 돌아와 남자단골의 도움으로 당 안으로 취사 준비 물품들을 옮겨 놓는다.

심방일행은 본향당 좌측에 돌로 높게 조성되어진 시왕제단에 병풍을 치고 당클을 매고 제물을 진설한다. 도제상은 소미가 본향 하르방 제단에 한꺼번에 진설한다.

굿을 준비 하던 큰심방이 시간을 확인하고 예명 올리라는 지시를 한다. 소미가 단골들이 줄을 서서 순서를 기다리는 제단 앞으로 와서 각각 앉아서 예명을 올리기 시작한다.(오전 7시 50분) 심방은 평상복에 장구를 치고 눈이 많이 내려 송낙을 쓰지 않았다.

본향당 당굿이 예명올림으로 이루어진다. 단골 수만큼 시간이 많이 걸린다. 단골들은 순서에 맞게 예명을 올리고 나서 메 두 사발과 제물을 올린 뒤 삼주잔이나 주잔 한 잔, 주발 뚜껑에 제반을 걷는다. 궤묻고 나서 당나무에 매어진 줄에 백지를 걸고 옆에 있는 본향 할망 제단으로 가서 제반걷은 제물에 소주 한 병과 삶은 계란 한 개를 더해 궤묻음 한 후 백지를 걸고 당 북측에 마련한 걸명처에 가서 걸명을 한다. 예명을 마치고 산받음을 하지 않는다.

오전 8시 50분경에 당내에 천막을 치기 시작했다. 눈이 너무 많이 내려 춥기도 하지만 눈이 녹으면서 바닥이 젖기 때문에 굿하는 데에 지장이 되기 때문이다.

단골할머니는 제반 걷으며 돌레떡을 주변에 나눈다. 당신에게 올려서 내린 제물은 같이 나누어 먹으며 음복해야 한다며 본향당의 나눔을 말로 가르친다.

　예명을 마친 단골은 추위에 돌아가기도 하고 불을 쬐러 취사장으로 간다. 다른 단골은 대신맞이 준비를 하러 간다. 본향당 동쪽측면에 마련된 진설대는 바닥에서 한 자 정도 높이며 시왕 액막이 상을 차려 놓는 곳이다. 제장에 천막이 치기가 마무리되고 바닥에도 깔개와 멍석이 깔렸다. 당 밖에서는 지붕 덮인 간이천막을 설치해 바람을 막고 차와 술을 대접한다.

　오전 9시 20분에 큰심방이 당굿을 시작한다. 앉아서 장구를 치며 말명을 한다. 머리에 송낙은 쓰지 않고 진행한다. 이로 보아 당굿은 앉은굿이라는 걸 알 수 있다. 큰심방이 제차를 마치자 소미들이 늦게 도착한 단골의 예명을 맡아서 올리고 산받음을 한다.

　당굿을 마치자 부녀회에서 대신맞이 전에 심방들에게 성게 넣고 끓인 미역국과 소라 등 해산물 차림으로 아침을 차려 놓는다.(오전 9시 50분)

　심방일행을 대접할 아침을 차리고 나서 마을 부녀회원들이 모여 앉아 아침식사를 한다. 잠시 사이를 두고 큰심방이 굿 시작을 알리며 대신맞이를 시작한다. 오전 10시 35분이다. 심방이 본향당 제단을 향해 고개를 숙여 절한 다음 바로 이어한다.

　초감제를 시작으로 군문 열기를 바라고 새 두림을 하고 시왕을 청해 들인 다음 일월군웅과 본향까지 청해 들여서 자손들이 절하고 역가를 바친다. 자손들은 조상과 본향을 즐겁게 하기 위해 놀림을 한다. 군웅 일월놀림이다. 단골들이 전부 참여해 서우젯으로 실컷 놀고 조상이 만족하다는 대답을 듣고 춤춘 자손은 절을 하고 물러난다.

　잠깐 사이를 두고 점심시간이다. 제장에 차려 놓은 점심을 심방들이 먼저 먹고 그 뒤로 단골들이 차려 놓은 식사를 맛나게 먹는다.

　점심식사를 마치고 바로 나까시리 놀림을 한다. 보통은 소미들이 하는데 큰심방이 직접 나서서 한다. 같이 참여한 남자 소미가 일이 생겨 먼저 가는 바람에 큰심방이 나선 것이다. 시왕도군문 이던 시루가 내려지고 단골들이 액막이상에 올린 둥근시루가 전부 내려서 올림을 한다. 다 올리고 나서 시루에 구멍을 내고 구멍을 인정으로 막는데 이때 단골들에게 인정을 받는다. 먼저 나까시리 한 단골들은 제반걸음을 한다. 큰심방이 멩두치마를 감게 하고, 죄책을 찾아 부녀회장과 일부단골에게 인정으로 풀게 한 후 삼천군벵 지사빔을 마친다.(오후 1시 52분)

　나까시리 떡은 인정으로 시왕 도군문이 열렸으므로 풀어먹인다. 조금씩 네모나게 자른 다음에 제장에 있는 모든 사람들에게 나누어 준다. 단골들은 떡을 나누어 먹으며 각산받이를 한다. 이때 집안 모든 사람들 운수에 따라 좋고 나쁨을 알아내고 나쁘면 나쁜 대로 준비한 액막이로 나쁜운을 걷어 버린다. 모든 소미들이 자신의 조상, 멩두로 함께 산을 받아준다. 단골의 수만큼 시간이 걸린다. 단골들은 이 순서를 기다린 거나 마찬가지다. 순서를 마치면 결과에 따라 액을 막고 차렸던 상을 정리해서 왔던 길을 같은 모습으로 돌아간다. 오후 3시 40분까지 소요된다.

　단골들이 돌아가고 부녀회장과 마을 임원들은 남아서 마을 도방액막이를 한다. 여태껏 본향당 입구 나무에 묶여 있던 닭이 대명대충이 되어 제장 앞에서 최후의 운명을 기다린다. 큰심방이 마을 도산을 받고 당 올레로 가서 대명대충의 털을 뽑아 날리며 희생시키고 당올레를 나와 길 건너 밭담에 놓는다.

　소미들은 본향당 제단에서 제반을 걷어 궤를 묻고 걸명을 한다. 시왕상을 철상 하면서 제반을 걷고 걸명처에 가서 걸명을 한다. 눈이 많이 내린 탓에 시왕 상에 설치한 병풍이 젖어서 못 쓰게 되자 장작 태우는 곳에 가져다 태운다. 굿을 마치는 시간이 다 되어 가자 당에 설치된 천막이 철거되면서 심방도 제차를 서둘러 마친다. 큰대를 큰심방이 지우고는 대양을 치며 궤문을 닫는다. 내년 제일에 찾아뵙겠다는 말명으로 굿을 마친다.(오후 4시 30분)

이상으로 동복본향당 당굿은 앚은굿으로 이루어졌음을 볼 수 있다. 그 다음 대신맞이가 이어졌다. 갑자기 폭설이 내리는 상황에도 불구하고 참여하는 단골들은 끊임없이 이어졌다. 그리고 단골 참여에 따라 예명올림에 걸리는 시간이 많은 것을 보았다.

본향당굿은 앚은굿으로 이루어지고 있으나 단골에게 본향당신에 대한 개별적인 의례로써 중요한 부분이 되고 있는 것이다. 본향당굿은 본향당신을 향한 의례며 단골들이 정기적인 제일에 체계적으로 이루어진다는 사실을 볼 수 있다. 그리고 심방이 대신해 올리는 의례로 본향당신을 청해 맞이하고 위무하며 즐겁게 대접함으로 자손됨을 다한다. 그리고 당신이 신이한 능력에 자신들이 안전과 복을 구하는 신앙인이 되는 것이다. 그래서 정성을 다해 금기를 지켜 당굿에 참여해서 빠짐없이 예명을 올리며 신의 뜻을 경청하고 복을 기원하는 것이다. 당굿에서 단골들은 이보다 더 큰 바람이 없다.

동복본향당 당굿은 특이하게도 본향당에서 당굿을 앚은굿으로 하고 대신맞이를 하고 별도의 액막이를 하고 있는 것이다. 보통 대신맞이는 일반 집안에서 당클을 매어서 이루어지는 큰굿이다. 그렇기 때문에 준비와 비용이 많이 든다고 할 수 있다. 굿 할 날을 정하고 굿에 드는 물품 준비와 알맞은 심방을 섭외하기 등 개인 집안에서는 하기에 벅차고 어렵다. 이런 점을 감안한다면 동복본향당에서 마을 전체가 참여하는 시왕을 맞이하는 굿을 하는 것은 보통 개인들이 행하는 시왕맞이 굿을 공동체 굿으로 옮겨 와서 한다는 것을 의미심장하게 볼 수 있게 한다. 그만큼 제장에 진설대 위에 액막이상이 25개 이상 차려진 것을 보았다. 개별 상만큼 단골집이 참여한 것이다. 여기에서 중요한 부분을 본다. 본향당 제일에 당굿과 별도의 굿이 이루어지고 있는 점이다. 이날 동복본향당의 굿은 본향당신에게 염원하는 단골들이 기원하는 당굿과 살았을 때 당신에게 기원을 올리다 돌아가신 마을 영혼들에게도 안녕을 빌어주며 자신들이 안녕 또한 비는 마을 자손들이 올리는 대신맞이 굿을 하고 있는 것이다.

심방이 말하는 대신맞이는 시왕맞이를 말하는 것이다. 시왕맞이 굿 제차인 '저승질 치워닦이'를 통해 돌아가신 분들의 영혼을 위로하고 달래 주면서 저승으로 가는 길을 잘 치워 닦아주고 잘 닦인 길을 통해 가게 되면 이승을 향한 집착하는 마음이 사라져 저승으로 잘 갈 수 있다는 무속의례의 유감주술적인 점을 말함이다. 이때 영혼을 저승으로 데리고 가는 차사에게 제물을 올리고 산자로서 정성을 다하는 행위를 하게 된다. 이 행위를 대신 해주는 이가 심방이다. 심방은 단골들의 염원을 대신하여 굿을 하는 것이다. 대신맞이에서 단골들이 차려온 액막이상이 그 제물이다. 이렇게 동복본향당에서 대신맞이 굿을 하는 까닭을 이해 할 수 있다.

5. 동복마을본향 당본풀이

동복본향당의 당신은 굴묵밧할마님과 송씨하르바님이다. 이 당신 이야기가 동복본향당 본풀이다. 당굿과 더불어 당신본풀이는 심방의 구송을 통해 당골들에게나 현대인들이 호기심을 자아내며 들을 수 있는 흥미로운 신의 이야기다. 당신이 이곳에 오게 된 여정이며 왜 당신이 되었는지 신으로서의 능력은 어떠한지 등이다. 그리고 단골들과는 어떤 관계로서 대접을 받고 있는지는 다른 당신들과의 구별에도 변별력을 주는 위계를 가질 수 있다.

당신은 마을을 설촌하고 마을의 토주관으로 좌정을 하며 인간들에게 제향 받는 제일을 정해 스스로 신이 된다. 이러한 과정을 이야기하는 것을 당신의 내력담이라 하며 마을 구비역사가 되고 당굿을 하면서 신의 사제자인 매인심방의 말을 통해서 신성하게 불려진다. 이러한 것을 당신본풀이라 한다. 즉 신에 대한 이야기며 말이고 본향당이라는 신성하고 특정한 장소에서 의례과정 속에 격식을 갖추어야 불리는 신화다. 신화로서 신성성은 단골들이 기원을 담아 신의 화답을 바라는 성스러움이 묻어나는 과정이 보인다. 당본풀이를 통해 보면 당신은 자신이 누구인가를 밝히고 왜 이 장소에 있어야 되며 신이 되어야만 하는 필연과 제향 받을 단골을 정하고 성격에 맞는 제물을 받으며 이것이 충족되면 복 받을 자손이 되고 그렇지 않으면 벌이 내려진다는 강한 말을 한다. 당신이 엄격하고 까다로운 제안이며 단골들이 이를 받아서 수용하는 과정이 있어 흥미진진하다.

본향당의 헌장인 본풀이를 마을에 거주하면서 본향당을 맡아 오던 박인주 매인심방 본풀이로 살펴본다.(현용준,『무속자료사전』, 신구문화사, 1980, p627~635.)

○ 굴묵할마님 본,

① 동복에 부락이 엇일 때, 동복의 와서 굴묵밧디 살면서 ᄆᆞ을을 설촌ᄒᆞ고 아이덜 넉도[8] 들이멍 죽었는디,

② 죽으멍 말씀ᄒᆞ뒈『내 죽거들랑 남녀구별을 몰라 죽엄시니 신당으로 위ᄒᆞ라. 그레민 인간번성 육축번성 오곡풍등 만물번성 시켜주마.』허여 위ᄒᆞ는 신당입네다.

○ 송씨하르바님본,

① 송두 송악산에서 좌우청기를 집떠보고 제주남방국 동문밧 동복리 좌정헤야 부락 인명 축훌[9] 일과 제 명이[10] 부족 훌 일, 인간을 도왜여 주어서 우마번성과[11] 육축번성[12] 시길만[13] ᄒᆞ다. 송두 송악산서 ᄂᆞ려오는디, 올적원 낭낭선[14] 패도목[15] 상예화단[16] 소반선[17] 제주물ᄆᆞ루를[18] 근당ᄒᆞ니, 굴묵밧할머니가 혼신으로 나사서 밤의는 신불이요, 낮이는 연불이요. 동복리 큰개맛드로 드리대니,

② 올디를 볼써 지들렸노라.[19] ᄌᆞ기가 여기 와진 원인을 알겠느냐? 모르겠다고 대답하자.

내가 부락을 지키다가 죽었는데 췌판관이 문세를 들러 이승에서 뭔 줴를

8) 넉: 넋.
9) 축훌: 기원(祈願)할.
10) 제 명: 자기의 목숨. 자기의 命.
11) 우마번성: 牛馬繁盛.
12) 육축번성: 肉畜繁盛.
13) 시길만: 시켜 줄 만.
14) 낭낭선: 낙선남(落南船).
15) 패도목: 배를 만든 제목의 이름인 듯.
16) 상예화단: 상여(喪輿).「화단」은 상여에 지붕 모양으로 꾸며 둘러치는 제구. 배의 지붕의 꾸밈을 표현한 것인 듯.
17) 소반선: 소범선(小帆船)?
18) 제주물ᄆᆞ루: 제주 수평선.
19) 지들렸노라: 기다렸노라.
20) 무소태패: 무사태평.
21) 기네겠도록: 지내도록.「-겠-」은 미래보조어간.
22) 벡설: 백 살(百 歲).
23) 매기란: 그만이어서. 끝이어서.
24) 데납 웃이: 대납(代納) 없이「직무를 대행할 사람 없이」의 뜻.

허였느냐 논흘 때 동복리란 무을을 설비허였고 인간덜 무스태패로[20] 다 기네 겠도록[21] 허였고~ 벡설이[22] 당ᄒᆞ니 저승 염내왕이 불러~ 저의 줴는 이런 줴뱃기 엇습네다. ᄒᆞ니 줴판관이 원명이 매기란[23] 죽어졌젱 ᄒᆞ고 데납 웃이[24] 죽은 것이 줴가 아니냐ᄒᆞᆯ 때 혼신으로 곰곰이 셍각ᄒᆞ니 내 데납을 정허여사 ᄒᆞ로고나 유왕황제국으로 선몽시켜서 오게시리[25] 흔 것이다. 그말이 떨어지자 할마님은 사람의 눈에 보이지 않았다.

③ 송씨하르바님은 할마님이 지시를 받아서 상·중·하·단골을[26] 모이게 ᄒᆞ니 인민들이 모두 그 할마님 골은[27] 말이 옳으니 곧는[28] 대로 시켜줍서 ᄒᆞ니 하르바님이 그러면 당신네도 나 곧는대로 지켜주십서 ᄒᆞ며 굴묵할마님 나시랑[29] 초일뤠, 정성이 부족ᄒᆞ거들앙 열일뤠가곡, 열일뤠정성이 부족ᄒᆞ거들랑 수무일뤠에 가십서.[30] 있는 집이랑 일년에 식번 없는 집이랑 그네 일년에 두 번.

④ 할마님이 뭐신 임식을[31] 잡수와났느냐? ᄒᆞ니 보리쏠에 큰쏠[32] 섹긴것도[33] 조와이[34] ᄒᆞ고, 서숙쏠에[35] 큰쏠 섹긴 건 조와이 아니ᄒᆞᆸ데다. 육물이에 데흔 건 일쩨 안잡수왔습네다. 헤물로[36] 데흔 임식도 헤초라[37] ᄒᆞ민 체수를[38] 문들어서 잡수고 헤어도 구워서뱃기 안 잡숩고 떡으로 말ᄒᆞ민 일년에 흔번 돌레떡이나[39] 헤여달라. 쏠문[40] 계란이나 좋아헷읍네다. 술도 아니 잡수고 감주뱃기[41] 안 잡수왓읍네다. ᄒᆞ니 그 말 끗데는 나도 할마님과 ᄀᆞ찌 임식을 먹는데 벨다른 임식이 흔가지 있노라. 난 소주를 좋아ᄒᆞ노라.

⑤ 할마님 산적이 그엉신네는[42] 누게가 헷느냐? 췌씨하르바님이 헷읍네다. 지금 살았느냐? 이디 앚아있읍네다. 할마님 돌아간뒤으로 내리 일뤠날 당ᄒᆞ민 신부름을 헤 오고, 선몽을 ᄒᆞ느냐? 둘 둘마다 식번은 ᄒᆞᆸ네다. ᄒᆞ니 그레면 내가 할마님 데신대납으로 들어살테니 언제던지 그 할마님 살 때 일처록[43] 내 신부름을 헤여도라. 보리 서숙ᄒᆞ고 인간처랑 멀리 띱지[44] 말앙 펭ᄌᆞ낭[45] 그늘이 질[46] 좋다. 나를 첫체암[47] 위ᄒᆞ지 말고 상정이[48] 돌아오건 천제국제법을[49] 마련ᄒᆞ라 쳇텍일로[50] 받아서 허여도라. 그전이랑 집이서 소소 흔 벨롱갱

---

25) 오게시리 : 오도록.
26) 상·중·하·단골 : 上·中·下 신앙민.
27) 굴은 : 말을 한.
28) 곧는 : 말하는.
29) 나시랑 : 몫이랑.
30) 가십서 : 가십시오.
31) 임식 : 음식.
32) 큰쏠 : 백미.
33) 섹긴 : 섞인.
34) 조와 : 좋아.
35) 서숙쏠 : 黍粟米. 기장, 수수, 조. 수수와 좁쌀.
36) 헤물 : 바다에서 나는 물건.
37) 헤초 : 해초.
38) 체수 : 채소.
39) 돌레떡 : 당에 갈 때나 집에서 굿을 할 때 만들어 신에게 올리는 떡 종류. 소금 따위를 넣지 않고 쌀가루만 반죽해 둥글고 납작하게 만듬.
40) 쏠문 : 삶은.
41) 감주뱃기 : 감주(甘酒) 밖에.
42) 그엉신네 : 모시던 신하 곧 메인심방의 뜻.
43) 일처록 : 일처럼.
44) 띱지 : 띄우지.
45) 펭ᄌᆞ낭 : 팽나무.
46) 질 : 제일.
47) 첫체암 : 첫 처음. 제일 처음의 뜻.
48) 상정 : 정월.
49) 천제국제 : 天帝國祭.
50) 쳇텍일 : 初擇日.
51) 벨롱갱이 : 철갈이와 같음. 각 집안에서 하는 신년 진경무제(進慶巫祭).
52) 아척이랑 : 아침일랑.
53) 웃이 : 없이.
54) 과세열멩 : 신년 당굿. 과세열명(過歲列名).

이고[51] 뭐고 절대위ᄒᆞ지 말아라. 천제국제를 위ᄒᆞ여난 즉시 그날 아척이랑[52] 할마님ᄒᆞ곡 우리를 위허여도라. 떨어진 ᄌᆞ손 웃이[53] 과세열멩이나[54] ᄒᆞ는게 좋다.

⑥ 어디가 좌정ᄒᆞ만ᄒᆞ냐? ᄒᆞ니 물동산 조은디 있읍네다. 천년 폭낭 만년폭낭이 좋습네다.

이ᄆᆞ을 전첵임 가진 궷동장을 불르라. 귀찮지불르라. 내 이디 좌정을 ᄒᆞ테니 삼일동안 손을 걸쳐서 월성을 둘러도라. 이폭낭 앞으로랑 석상을 무어도라.[55] 나가 앚아 천리, 사[56] 만리를 보는데 ᄒᆞᆫ돌 육장 부락을 돌아보멍 궂인 일이 시민 옥황상제 저싕[57] 염내대왕신들로 바당궂인 일이 시민 유황황제국을 이디나 저디나 갔다왔다 ᄒᆞ는 것이 만민 인간 눈에도 안 벨[58] 것이요, 신의성방 눈에도 안 벨 것이요.

⑦ 어느신자가 들어와서 이당을 메어서[59] 멧헤 심보ᄒᆞ고 ᄒᆞᆫ 것을 기억허영 언제던지 놨당[60] 후생ᄒᆞ는 신자의게 전혜 주라. 오늘부떠 느ᄒᆞ고 나ᄒᆞ곤 ᄀᆞ찌 눈에 안보게 뒈였저. 궂인 일이 시나[61] 좋은 일이 시나 할마님광 ᄀᆞ찌[62] 내 선몽을 드려 주마. 하르바님은 그 때 ᄒᆞᆫ 눈을 트고[63] 보니 강간무례[64] 뒈옵데다. 그로부떠 부락민이 변치 않고 위ᄒᆞ는 당입네다.

○ 당 메어온 신내
췌씨하르바님 – 이씨할마님 – 정동지 – 박씨할마님 – 이씨할마님 – 고씨아바님 – 홍씨어머님 – 박인주.

강대원 심방 대신맞이 굿 중 마을 연유에서 구송하는 '당본풀이'를 보면,
① 그 엿날에 이 ᄆᆞ을 무촌이라신디 저 김녕 밀양박덱 하르바님이 저 한바당 ᄉᆞ신 요왕서강베포 그에 밧디 농업 농ᄉᆞᄒᆞ여 거름 ᄒᆞ여 지어다가 듬북ᄒᆞ레 오란 ~ 물 맛이 좋아 지어서 사름 살만 ᄒᆞᆫ 곳이엔 영ᄒᆞ영 이에 그날~ 밀양 박씨 하르바님이 오란 엄막을 지언 살게 됩데다.

55) 무어도라 : 만들어 달라의 뜻.
56) 사 : 서서.
57) 저싕 : 저승.
58) 벨 : 보일.
59) 메어서 : 당(堂)메다. 심방이 당에 전속이 되어 무제 집행을 전담하고 당을 지키다.
60) 놨당 : 놓았다가.
61) 시나 : 있으나.
62) ᄀᆞ찌 : 같이.
63) 트고 : 뜨고.
64) 강간무례 : 순식간에 간데 온데없이 아니 보임.

② 사는 게 ᄒ 사름, 두 사름 멘멫이 사는 게 그 엿날은 삼벡여 호가 사는게 삼벡 년이 뒈난 이젠 이벡 여호벳긴 아니 뒈염수다마는 경 ᄒ여도 오늘 ᄀ뜬 날은 ᄆ 오랑 갑네다.

③ ᄒ를 부락 ᄆᄋ을이 농ᄉ농업 지엉 사는디 홀연 광풍이 불언 ᄆ른 밧 헤각으로 조사허단 보난 저 알로 낭낭선 패도목 상여화단이 올라 완 이시난 그걸 가져다 부락 가운디 놓고 잘 살게 헤주민 잘 우망ᄒ켄 ᄒ는게,

④ ᄌ슨덜은 베 불게 밥 먹어져 가난 오꼿이리 잊어 부러언 초사흘, 초일뤠 날 이 정성 ᄒ엿는데 ᄄ로에 부락에 숭엄 들어가난 ~ 그 때에 일제시덴디 이 고을 촌구장 시절에 절도 불천소훼 당도 부수왐덴 ᄒ난 아이고 큰일 낫져 어떵 ᄒ민 좋암직, 거창신씨 하르바님은 이 당 울담을 둘르고 신씨 할마님네 나산 ~ 이 돌 지언 당 웸기 난, 이에 일로 웸겨오젠 ᄒ난 에 홍씨 선성님이 앞을 서고 일로 다 모다들엉 각성친덜 세로 본향을 모삼젠 ᄒ난 ᄆᆫ딱 오란 하게 웃어른 덜 중년 초년 사람덜 저산을 받고 보난 중년이 뒈게 나빠지언 큰일 낫져 어떵 ᄒ민 좋아지리 영 ᄒ연근 그 때에 명부 데신왕을 청ᄒ연, 엑궂은 ᄌ손덜 집안에 좋게 ᄒ여줍서. 명상실을 ᄒ여줍서. 목상실을 시켜줍센 영 ᄒ여근 데신 연맞이를 ᄒ게 뒈엿수다.

⑤ 이에 ᄒ게 뒈고 멜막 ᄇᄅ름 알도 상여 할마님은 저 이거 좌정ᄒ여 뒈여신디 서천 저인정을 받게 뒈여신디마는 삼월은 초ᄋ드렛 날 데제일을 받읍데다. 데제일을 받아당 ᄒ는 게 웃직 알찍 여자찍 남자찍 싸움이 나가난 영 말앙 ᄒᆫ 밧디로 ᄆᆫ 모상 당하나 바령 모상 억만육게 이 ᄆᄋ을 박씨선성 아니우다. 정씨 저 북촌 정씨 선성 살 때에 일로 모사오고 박씨 선성 김씨 삼촌 네외간이 이 당 몸 받아근 이 부락에서 거엉 ᄒ영 살단 이 ᄆᄋ을 데역가 신전조상을 받들어 바찌난 박씨 선성은 삼시왕 하직ᄒ고 김씨 삼춘님 이 당 메엉 청소 ᄒ곡 또 여ᄌ롭서 이 본향을 뒵네다. 김씨 삼춘도 삼시왕에 하직ᄒ난 신이 집ᄉ간 당베 절베 김씨 삼춘 매어주난에 이거 뎅겸수다. 일 년 열두 둘 이 부락 각성친 ᄌ손덜 공부도 시겨줍서 치워 원정드립네다. (~: 중략 표시)

당본풀이에서 동복본향당 본풀이는 굴묵할마님 본, 송씨하르바님 본, 당 메어온 신내로 이루어진다. 강대원 심방이 구송하는 당본풀이에서는 굴묵할마님이 등장하지는 않으나 밀양박덱 하르바님이 설촌을 말해주고 있다. 그러나 일뤳 날이 제일이라는 제시는 이 당이 일뤠당이라는 말이다. 당신명이 동일하지는 않지만 대신맞이를 하게되는 이유를 동일하게 말하고 있다. 그래서 일뤠당신인 송씨할마님은 굴묵밧디 살면서 마을을 설촌하고 아이들 넉도 들이며 살다 죽었고, "내가 죽거들랑 남녀구별을 몰라 죽었으니 신당으로 위하라. 그렇게 하면 인간번성 육축번성 오곡풍등 만물번성 시켜주마" 하고 당신이 된다. 산육과 생산에 관여하는 전형적인 일뤠신과 마을을 설촌하고 토주관이 된 본향당신 성격이 모두 보인다.

　송씨하르바님은 굴묵할마님 대신 대납하여 신으로 좌정하며 당신으로 제일 등 단골과 협의로 이루어내고 있다. 그러면서 자신은 대신대납으로 충분한 소임을 하겠다고 약속한다. 신과 인간이 약속이 드러나는 과정이다. 송씨하르바님 등장을 필연화 하는 할마님이 저승 췌판관의 판결은 저승 이야기가 인간세계에 구체적으로 나타나는 화소로서 중요한 실마리를 가지게 한다. 저승의 이야기를 본풀이를 통해 듣게 되는 단골과 대신맞이를 하게 되는 본향당 형편이 맞물려 이해할 수 있게 만든다. 마을의 수명과 생산을 돌보는 인간에게 이로운 일을 하던 신이 죽어서 저승에 가도 염라대왕 앞에서 죄를 판단하게 되는데 하물며 인간은 죽어서 어떻게 하겠는가. 따라서 시왕맞이를 통해 죽은 자를 도와 좋은 곳으로 보내려고 하는 마을 공동체 내에서 산자들이 염원을 담아 본향당굿을 빌어 올리는 것이라고 이해 할 수 있다.

　본향당신이 마을당신으로 좌정하면서 단골과 협의를 통해 당의 규정을 이끌어내는 서사를 이루는 본풀이에서 마을의 의사소통 과정을 보여 주는 중세 사회의 예로 볼 수 있다. 평화롭지만 조목조목 이유를 들어가며 당의 규정을 단골과 당신이 결정하고 있고, 신과 인간의 거리는 충분히 유지한다. 당신이 신성성과 위엄은 단골의 인간적 한계를 넘어서 본향당신앙의 규정과 금기를 요구하며 신의 역할을 넉넉히 하고 있다. 그래서 본향당은 마을통합을 이루고 있는 공동체의 근간이다.

6. 마무리.

　동복본향당굿은 당신앙이 바탕이 되어 마을의 공동체를 통합하며, 지연·혈연공동체를 결속·강화하는 공동체신앙임을 보았다. 본향당신앙은 사회통합적 기능을 강화해 주고 있다. 그리고 본향당굿은 단골의 전통신앙을 공고히 하는 바탕이 되어 공동체를 아우르는 결속체임을 확고히 나타내 준다.
　제주도 전통 본향당신앙에서 동복본향당굿은 의례가 중시되며 신앙심이 깊은 단골과 매인심방 존재가 본향당신앙을 유지시키고 있다. 본향당굿은 본향당신앙의 중심에 있다. 굿은 단골의 신앙공동체를 형성하는 구심점이 된다. 그래서 동복본향당굿을 통해 본향당의 가치를 충분히 알 수 있고, 이미 소멸된 본향당과 기능이 약화되어 가는 본향당굿과 신앙전승을 이해하는 한 부분이 될 것이다.